EL NÚMERO QUE HA
MARCADO NO EXISTE

Luis Alemañ

EL NÚMERO QUE HA MARCADO NO EXISTE

Ediciones de la Isla de Siltolá

Sevilla 2024

© **Luis Alemañ**

© de la fotografía del autor: **David Salas**

© 2024: **Ediciones de La Isla de Siltolá**
Apartado de Correos 22.015
41018 – Sevilla (España)
www.laisladesiltola.es • *editorial@laisladesiltola.es*

Diseño de colección: La Isla de Siltolá
Impresión: Kadmos

ISBN: 978-84-19298-42-3 • DL: SE 2186-2024
BIC: DCF •THEMA: DCF

(Impreso en España)

PRÓLOGO

Hay una película de Olivier Assayas titulada *Après mai*, que narra la eclosión de trayectorias de esa turba plural que habitó el Mayo del 68. Probablemente la historia rima, como se suele decir, pues cuando la veo, me viene a la mente otra generación que interpeló a la historia "pese a las circunstancias, pese al resto, pese a sí mismos".

Hagamos un pequeño viaje al tiempo de las plazas del 15 M, en un lugar del mundo donde las palmeras se confunden con los edificios, los campos con el cemento, la alegría de la luz con la precariedad. Podríamos encontrar una figura inquieta —chupa de cuero, imperdibles en las solapas y fanzines debajo del brazo— yendo de un lado a otro ondeando antiguas banderas con las que vestir de colores unas plazas que parecían nuevas. Así conocí a Luis Alemañ.

En nuestras pequeñas vidas puede parecernos que ha pasado mucho tiempo desde entonces y que estos años han estado poblados de sucesos, algunos que nunca habríamos pensado presenciar. Este no es el lugar para juzgar el ritmo de esta época de ilusión, diáspora, precariedad y refugio, que ha marcado buena parte de una generación, aunque sí cabe decir que su aroma permea la obra de Luis desde sus primeros escritos. Lo que se puede ver de una forma clara en su trayectoria literaria es el rito de una transformación interior, tranquila pero voraz, que se ha ido desarrollando durante este periodo, y que podría ser una constante en tantos especímenes que salimos disparados desde esas plazas a cualquier otra parte, sin poco más que una intuición más o menos adobada con páginas y ensueños.

En la crianza de los años, Luis ha ido desarrollando una poesía que habita entre el hogar y el desamparo; una "desolación particularísima", como señaló Cristina Morano en la introducción a su primer libro *Animales heridos*. El ámbito más cercano —casa, familia, amores, amigos— puede transitar desde un recuerdo cálido hasta la muestra más desnuda de la pérdida que estructura lo cotidiano. En los versos más íntimos la rememoración da cuerpo al día a día, es a su vez nostalgia y sentido, como en el poema en el que Luis conversa con su padre:

Crearemos rituales, padre:
desayunar churros, ir por la prensa,
juntos ver al Elche
o una de Colombo,
sentarnos al borde
                de una foto antigua.

Pero seguimos buscando refugios, lo cercano no basta, y las grandes ideas tenían la capacidad de ser esa lumbre en la que encontrar cobijo e inspiración. Sin embargo, las llamas ideológicas que al principio inflamaban tienen una trayectoria incierta y después quedan las brasas; las trazas de ese tránsito las podremos encontrar en los versos de este poemario. Los apuntes más políticos se han ido tamizando a lo largo de la obra de Luis y se han imbricado con esa casa más cercana de lo cotidiano, con la pluralidad e incerteza que solo tiene lo que aún está vivo.

Tras las municipales
sobrevive al sol y al salitre,
entrado ya el verano
cual impulso en la verde,
                la incontestable rama,
el candidato del PCE.

En esta lenta sedimentación de lo próximo con lo que podría parecer lejano, no se renuncia a la complejidad observada de lo que acontece. En la escritura de Luis hay una mirada atenta a lo pequeño, a los detalles que viven en los márgenes, pero que sin darnos cuenta amarran nuestro habitar en el mundo. Así, incluso en los poemas más sintéticos, podemos encontrar citas, conversaciones escuchadas, letreros vistos... La voz poética se va poblando de toda una serie de pequeños testimonios cotidianos, más o menos explícitos, que amplifican las resonancias del poema.

Sin embargo, y sin ser contradictorio, esta multiplicidad va acompañada de otra labor decantada por el tiempo en la poesía del amigo Luis: la síntesis. La pérdida de lo accesorio es una hermosa posibilidad de lo poético. La eliminación opera en la estructura del verso como un cincel que alumbra la forma.

Has excavado ya suficiente;
sabes que
            bajo la roca
más roca te espera.

Y es que si algo se puede ir apreciando en la escritura de Luis en los últimos años es la capacidad para ir despojándose de fórmulas y resabios en búsqueda de un verso más limpio y sonoro, pues muchas veces son los silencios los que dan voz a la música que habita entre las palabras.

Léanse los versos que siguen con amor y confianza en ese silencio.

ANDREU CAÑADAS CUADRADO
Altabix, 16 de mayo de 2024

A Sophie.

*A quienes siguen intentándolo
pese a las circunstancias, pese al resto,
pese a sí mismos.*

Para vivir tenemos que narrarnos;
somos un producto de nuestra imaginación.
ROSA MONTERO

Probablemente de todos nuestros sentimientos
el único que no es verdaderamente nuestro es la esperanza.
La esperanza le pertenece a la vida, es la vida misma defendiéndose.
JULIO CORTÁZAR, Rayuela

Jesús, nosotros también cargamos nuestras cruces, a veces muy pesadas:
una enfermedad, un accidente, la muerte de un ser querido,
una decepción amorosa, un hijo que se perdió, la falta de trabajo,
una herida interior que no cicatriza, el fracaso de un proyecto,
una esperanza más que se malogra... Jesús, ¿cómo rezar ahí?
¿Cómo hacerlo cuando me siento aplastado por la vida,
cuando un peso oprime mi corazón, cuando estoy bajo presión
y ya no tengo fuerzas para reaccionar?
PAPA FRANCISCO

Si el calor del cuerpo de una mujer
no salva la vida de un hombre,
no habrá salvación alguna para él en el mundo.
ISMAEL CABEZAS

¿la verdad?, o bien
¿contentarse con lo más próximo?
Virginia Woolf

Porque el mantel no es mantel
sino ausencia
de un plato y unos cubiertos
en un punto concreto de la mesa,
los cuerpos no son cuerpos
sino volumen rendido a la espera
del para siempre victorioso haz
                                    de luz,
y un perro perdido en la carretera
no lo es, sino un corazón
con voluntad de pago
y demasiadas deudas,
el viento nos es casa insuficiente
y aunque lo quieras, a vivir
no puedes quedarte
en el poema.

Al amanecer sostenido con un alambre
que conmueve a quien un pretexto persigue.

A la muchacha desnuda, que te ama y te dice
tengo murciélagos enredados en el pelo.

En los chalés de la playa, afuera el mar bravo,
a quien lee pasajes de la Biblia
y aguarda con paciencia la llegada del amor
en qué frío encabritado de espuma.

A todos, gracias.
Por seguir intentándolo.

Verdad dice quien dice
el verano es para los ricos.
Verdad porta quien acarrea
una ristra de maletas perdidas
y la fe que ata
los pájaros a la mañana.

Cuando te caiga encima
      la noche del invierno,
            recuerda:
vendrás cualquier día
y no conocerás
          a nadie,
tras muchos años de servicio,
          me dijo mi médico.

Empujar,
    siempre,
¿pero hacia dónde?

Para Soraya, por mirar de frente a la sombra
y decidir sobrevivirla con amor y esperanza.

He ganado la nómina de la vida
por pura resistencia,
mental y física, *no me he quebrado.*

En mi carne aún tierna,
toda clase de zancadillas, y a los veinte,
    detrás del telón de un espeso sueño,
frente a la joven
              —ya por siempre joven—
que fue aquel primer amor,
ante un nicho repleto de juguetes,
                    me encontré.
No habría flores suficientes
ni aquel ni ningún otro día;
soles, mares, pájaros, briznas de hierba.

Mi vocación era esa,
la única posible;
mirar dos veces,
como al espejismo,
así mirar la sombra
y en sus dimensiones
sobrevivirla.

Descolorido y despeinado,
enmarcado en un cartel
como héroe y víctima
de los mitos que le son propios,
tras las municipales
sobrevive al sol y al salitre,
entrado ya el verano
cual impulso en la verde,
                    la incontestable rama,
el candidato del PCE.

No se alejan, tampoco se acercan
                              las orillas,
aunque un mismo mar nos mida.

Crearemos rituales, padre:
desayunar churros, ir por la prensa,
juntos ver al Elche
o una de Colombo,
sentarnos al borde
                    de una foto antigua;
hacerle al mar
              su tarea
                      más sencilla.

Y bajo los adoquines,
los adoquines.
Antonio Orihuela

Observando la lavadora girar,
a mí en el reflejo
de la lavadora girar,
me pregunto si seré yo
                              o no
un hombre detrás de un hombre
                                        detrás,
persiana
en la persiana de la Historia,
calma subacuática,
              atasco de impresora,
a la izquierda, a la derecha
de un libro imaginario,
                          otro.
Terriblemente en el pasado,
ociosamente en el futuro
la ola en la ola
se reconoce.

Por relato certero,

                    el silencio;

la piedra,
como gran maestra
de la palabra.

Inventar genealogías
no te va a salvar.

La luz del sol revela la palidez del verbo,
los espacios espectrales
entre viejos conocidos.

las añoranzas
son menos añoranzas
cerca del río
MARIO BENEDETTI

Volver a leerlo, pasado el tiempo,
y no sentir ni un leve escalofrío.

Volver a leerlo, pasado el tiempo,
y sentir más que un leve escalofrío.

La tragedia,
                    sin duda,
de aquel lejano gran poema de amor,
de aquel lejano gran poema social.

Un pensamiento incómodo a media voz;
nadie resulta (im) prescindible,
                              na-die.

Tomo la palabra y propongo
el limpísimo azul del cielo
en la mañana de un día de invierno
o el azul de la lona
        de verano a verano
                guardada en el trastero.

Elijan.
Así ante cualquier dilema.

Un hombre del que nunca
lo hubiera sospechado,
imprevisible en el cómo,
el cuándo y el dónde,
me dijo
todo llega,
llega hasta lo que tú y yo sabemos.

Fue un poema,
aunque ni él ni yo
lo supiéramos.

Entonces.

Tal vez no haya en mí otra cosa
que la máquina de revelar a quien no soy.
FERNANDO PESSOA,
Libro del desasosiego

Llegué al resort y,
                        al parecer,
ya me había ido.

Acompañándome a la salida,
me explicaron cuánto disfruté.

No puse pega alguna,
fueron incuestionables
las fotografías de mi estancia;

se me veía feliz.

Se despierta sudando
en mitad de la noche;
le preocupa el examen, es mañana.
Mañana es el examen, pero nada sabe,
ni lugar ni hora, ni temario, ni las consecuencias
buenas o malas de aprobarlo o suspenderlo.
Así se dirige hacia el examen, aprisa,
sin un porqué, un cómo, un cuándo.
Pronto cae en la cuenta, no hay lugar ni hora, ni temario
ni consecuencias buenas o malas.
El examen le pasa entonces entre los pies, son las hormigas
que corren al hormiguero. A lo lejos está sentado en un banco,
el examen, en el abrazo de dos enamorados, y más:
Son las horas que rayan las aguas del estanque,
si la primavera despuntase, y más;
es el pulso que en toda casa profundo late,
que desenvuelve una biografía de batir de puertas,
de abrir y cerrar cajones, ¡y más!

Está el examen en los charcos,
en cuyo reflejo,
acostumbrados a pasar de largo,
habremos de buscarnos.

Cuatro poemas para ti, compañera de aquellos días,
con cariño y gratitud por el camino compartido.

I

Cómo voy a ser maduro,
te digo,
si estos deben ser los ojos
con que se mira la feria
a los seis años

cuando te miro.

II

Porque sería un despropósito
tener la esperanza de volver a amarte bajo los pinos
frente al mar.

Porque sería un despropósito
no tener la esperanza de volver a amarte bajo los pinos
frente al mar.

Porque eres una y no otra,
porque soy otro y no uno,
porque esto es un perpetuo septiembre,
un abril que no llega.

Ya lo dijo Antonio Moreno:
*la vida por delante se fue quedando atrás,
y nada ha sido más que el viento entre los pinos.*

Los pasos que escuchas
son del mañana:
de ayer.
ANDREU CAÑADAS CUADRADO

III

De pie en la orilla distante y
desierta, en un golpe de viento
agitándose su vestido,
gesticula, pero no la entiendo,
las palabras que no llegan
no las allanan sus gestos,
la voz que no consigo oír
no sé si va o vuelve del invierno.

Será como un pájaro
                    el recuerdo,
en la jaula
de donde voló el pájaro
cerrando la puerta
                    desde dentro.

IV

Ahora que te fuiste, te has ido,
te vas y te irás
como las estatuas;

                              poco a poco,
hasta retornar a la piedra,
con qué tenaz forma y pretexto en mi vida,
sutil en su opacidad e intransigente con el paso de la luz
                    como tu cuerpo desnudo,
                        tu pelo rizado desparramado
                            sobre los hombros,
              habré de contener este saldo de horas
                            con una seriedad
                        de gabardina y bigote.

Nadie vuelve a ciudades que no existen.
JOSÉ LUIS MORANTE

En la desolación de una ruina
o bajo un puente,
sobre piedra de un muro tiempo atrás
                              olvidado.

Así se presiente el mar, desde lejos.

Antropología de la ausencia:
paradigmas y métodos.

Antiguo letrero expuesto al sol,

Se repara calzado:
caballero y señora.
Artesano Porcel e hijos, S. L.

cerrado hace tiempo
el taller que fuiste,
tu recuerdo no cuesta
lo que cuesta
que alguien te borre.

Lo mismo ocurre con el corazón.

Deanie: Me caso el mes que viene.
Bud: ¿De verdad, Deanie?
Deanie: Con un chico de Cincinnati. Creo que te gustaría.
Bud: Vaya, la vida da muchas vueltas, ¿eh, Deanie?
Deanie: Sí que las da.
Bud: Espero que seas muy feliz.
Deanie: Bueno, yo, Bud, tampoco me lo planteo demasiado.
Bud: Ya, claro, ¿para qué? Hay que aceptar lo que nos va llegando.
Deanie: Sí. Bueno...
Bud: ¡Eh, Deanie! Me ha alegrado mucho verte.
Deanie: Gracias, Bud. Adiós.
Bud: Adiós.

Diálogo de la película *Esplendor en la hierba*
(ELIA KAZAN, 1961)

Has excavado ya suficiente;
sabes que
                bajo la roca
más roca te espera,
que no siempre elige el verdugo
                su profesión,
que el del amor
es un juego terrible,
un barrio obrero
en la tarde del viernes,
un relámpago

en un monte inventado,
frente a la costa y su retorno,
                    un valor inútil,
una lengua extranjera
                cuyos verbos
son trazados con una materia hostil
que media entre la arena,
                la distancia
                        y el olvido,
donde las flores nos dicen
                ¡ahora!,
nos aprietan
            los huesos
                    sus raíces
con el ciego entusiasmo del que va,
con el entusiasmo ciego del que vuelve.

Sombra entre la areca
        y las suculentas,
desde las dos
        a las tres de la tarde,
¿qué tiempo feroz
        cabe en ti?

Hay una geometría
entre tú y yo.

Sus vértices
son implacables,
no prestan oído
sus ángulos,
por más esfuerzos
                    realizados,
su área es irreductible.

Ahora bien, qué expertos,
extraño que usurpas a ratos mis días,
                              nos hemos vuelto
tú y yo
en circundar nuestro perímetro.

Cuatro poemas a una costa hermosa y fría.

I

Un tiempo de sábanas sobre muebles,
                                    raíces.

II

Han venido las gaviotas
durante el invierno.

Por todas partes,
sus huellas corren
en mi terraza llena de arena.

Funciona así a veces
el amor
          o lo que sea.

III

Hay una cierta renuncia
                    en septiembre,
una espera paciente
de quien para sí mismo,
secreto e indescifrable,
en una vieja fotografía
            indescifrable para sí mismo es.

Viaje de novios a Lanzarote.
                    (mayo del 76)

IV

Septiembre es un bañista
que por la orilla corre
detrás de su sombrero,
una anciana que dice:

durante catorce años
tuve un perro,
se puso muy malito.

He dejado las ventanas abiertas
para ti que sacudes,
                          tan frío atroz,
la forma y el fondo en todas las imágenes,
el grave bostezo de una abadía
y una escala musical.

Septiembre es un idioma
que se habla sin nosotros.

Mi Sophie se esconde
detrás del sol,
de cada árbol,
de cada lombriz,
hasta que un día sea
el sol,
    el árbol,
        la lombriz.

A los abus,
a todo lo pequeño
y al frío.

Entrado ya en la tarde recordé
la nochevieja en casa de los abus, durmiendo en el sofá
con la tele de fondo, pequeño
y afuera el frío.

Y aún me atrevo a amar
el sonido de la luz en una hora muerta
el color del tiempo en un muro abandonado.
ALEJANDRA PIZARNIK

No tanto por la tensión
entre luz y oscuridad,
como por la falta de superficie
donde la luz en la oscuridad
         se reconozca,
sea ésta el resplandor frío
de un lago helado
o la fragilidad en la sombra
de un geranio,
donde el futuro sea una línea
—la dignidad de una ruina griega—
y en torno suyo
todos los animales se reúnan.

> *Vamos siendo nuestra propia isla*
> *arriesgando leyendas sobre los límites del mundo.*
> TERESA MELO

De un viento despiadado que se impone,
como en la temprana mañana
de un domingo en procesión van
pequeñas mujeres de negro,
quien cartografíe la arena sabrá muy pronto
que las barcas,
        si acaso han de ser barcas
y no pretexto donde dos
busquen encontrarse,
aunque se hundan
han de estar en el agua.

Más seguro,
        pero más limitado,
aquel amor en área.
Forma de ir, como cualquier otra,
a ningún lugar.

Señalando mi muñeca
donde no hay reloj alguno,
le dije
    no tengo tiempo,
y tal vez,
        llegamos tarde.

Señalando ahora su reloj,
donde no hay muñeca alguna,
me dijo
no hay cuerpo
que tantas horas aguante.

Las palabras no pueden decir la verdad
la verdad nos es decible.
CRISTINA PERI ROSSI

El subtexto del verano
era un museo de ciencias naturales;
los ojos del zorro
por siempre vigilantes.

Afuera caen las horas,
aquí dentro la lluvia.

Observo un cuadro
al que cariñosamente llamo
Pared desgastada de mi vida;
un desconchado texto
donde casi todo está aún
por escribir.

Por ahí viene una palabra,
de esas que suenan serias,
                      graves,
caminando va por la acera
despojada de forma y peso,
                        des
                              hi   la
                                      ch
                                   a
                                    da.

No mires,
           no te gires,
                     no sientas compasión;
no albergue esperanza la palabra,
tampoco tú.

El camino más recto
se desvía con los pasos.
ANTONIO MÉNDEZ RUBIO

Dos casas de verano
cerradas que conversan;
una obrera, la otra burguesa.

Qué decirse, tras toda una vida mirando al mar,
qué reproches argumentar ahora.
Sienten la nostalgia de desconchón y fisura
y hasta llegan a compadecerse cuando leen:

Los precios expuestos en la vitrina
son para llevar a casa.
***
Pescadería Reme
[Se vende]
***
CORAL. Artículos de regalo
[Cerrado por jubilación]

Ahora conocen las dimensiones,
                    la justa medida del laberinto

que son Teseo y el monstruo mismo,
empieces el laberinto por donde lo empieces.

Que no hay afuera ni adentro
en la casa de verano;
que, si de la tierra estéril salimos,
caminando juntos saldremos o no lo haremos
                    —probablemente en círculo— ;
que el miedo es la condición del héroe,
también del cotidiano,
                    condición
                              de ti
                                    y de mí.

ÍNDICE

ESTE NÚMERO 106
DE *SILTOLÁ POESÍA*
SE TERMINÓ DE IMPRIMIR
EN EL MES DE NOVIEMBRE DE 2024

Colección SILTOLÁ POESÍA
Otros títulos publicados en esta colección